A oração dos cinco dedos
com Papa Francisco

Uma oração para todos

Dados Internacionais de Catalogação na Publicação (CIP)
(Câmara Brasileira do Livro, SP, Brasil)

Francisco, Papa
A oração dos cinco dedos com papa Francisco / tradução Leonilda Menossi. – São Paulo : Paulinas, 2014.

Título original: La preghiera delle cinque dita con Papa Francesco.
ISBN 978-85-356-3753-3

1. Francisco, Papa, 1936- 2. Oração 3. Vida cristã I. Título.

14-03201

CDD-242.2

Índice para catálogo sistemático:
1. Orações : Vida cristã : Cristianismo   242.2

Título original da obra: *La preghiera delle cinque dita con Papa Francesco*
© 2013 Àncora S.r.l.

Direção-geral: *Bernadete Boff*
Editora responsável: *Maria Goretti de Oliveira*
Tradução: *Leonilda Menossi*
Copidesque: *Mônica Elaine G. S. da Costa*
Coordenação de revisão: *Marina Mendonça*
Revisão: *Ana Cecilia Mari e Sandra Sinzato*
Gerente de produção: *Felício Calegaro Neto*
Diagramação: *Manuel Rebelato Miramontes*

1ª edição – 2014
12ª reimpressão – 2022

Nenhuma parte desta obra poderá ser reproduzida ou transmitida por qualquer forma e/ou quaisquer meios (eletrônico ou mecânico, incluindo fotocópia e gravação) ou arquivada em qualquer sistema ou banco de dados sem permissão escrita da Editora. Direitos reservados.

Paulinas
Rua Dona Inácia Uchoa, 62
04110-020 – São Paulo – SP (Brasil)
Tel.: (11) 2125-3500
http://www.paulinas.org.br – editora@paulinas.com.br
Telemarketing e SAC: 0800-7010081

© Pia Sociedade Filhas de São Paulo – São Paulo, 2014

"Meu filho, guarda as minhas palavras
e faz de meus preceitos um tesouro.
Prenda-os aos teus dedos, escreve-os
sobre a tábua do teu coração."
(Provérbios 7,1-3)

Considerando os dedos de nossa mão, podemos utilizá-los de uma nova maneira, assim, eles podem se tornar cinco sugestões de oração.

Essa tradição nasceu no mundo anglo-saxônico. Quando o Papa Francisco era bispo de Buenos Aires, ele a aconselhava como forma simples de oração.

É um modo de praticar a oração em qualquer momento do dia, também junto com o rosário, que é o instrumento tradicional para rezar com os dedos da mão, mas, sobretudo, com o coração.

⊨ 1 ⊨
A ORAÇÃO DO POLEGAR

O POLEGAR é o dedo mais próximo de ti. Começa, portanto, por rezar pelas pessoas mais próximas. Aquelas das quais tu te lembras facilmente. Rezar pelos teus queridos é "uma doce obrigação".

Ó Deus, concede aos nossos queridos
parentes e amigos
a saúde da alma e do corpo.
Que eles te amem com todo o coração
e te sigam no caminho
da bondade e da misericórdia.
Faze que eles sejam fiéis ao teu Evangelho
e possam viver sempre
na tua paz
e na tua amizade.

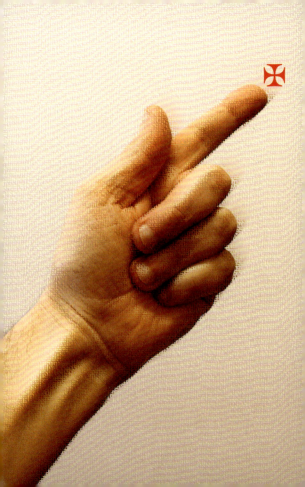

⊨ 2 ⊨
A ORAÇÃO DO INDICADOR

O INDICADOR é o dedo seguinte. Ele te ajuda a rezar por aqueles que ensinam, educam e curam. Essa categoria compreende mestres, professores, médicos e sacerdotes.

Eles necessitam de apoio e sabedoria para dar a orientação correta. Lembra-te sempre deles nas tuas orações.

Senhor, assiste com a tua sabedoria
aqueles que são chamados
a servir aos irmãos na direção,
no ensino,
no cuidado do corpo e do espírito.
Que eles promovam o bem
a todos quantos lhes forem confiados
e os conduzam a crescer
e a viver à luz do Evangelho.

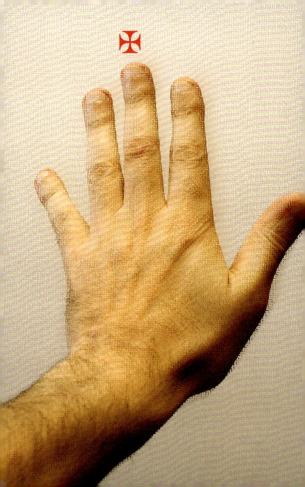

⊨ 3 ⊨
A ORAÇÃO DO DEDO MÉDIO

O MÉDIO é o dedo mais longo. Ele faz lembrar os governantes. Reza por aqueles que governam o Estado, pelos parlamentares, empreendedores e dirigentes.

São essas pessoas que regem o destino da nossa pátria e guiam a opinião pública, tendo por isso necessidade da orientação de Deus.

Senhor, ilumina
com a tua sabedoria
aqueles que governam.
Que eles promovam a liberdade e a justiça,
o respeito pela criação
e a paz entre os povos.
Faze que, acima de tudo,
eles tenham interesse pelo bem de todos.

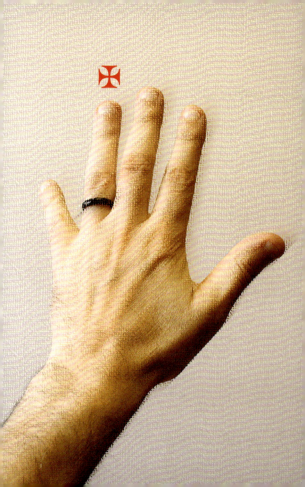

⊨ 4 ⊨
A ORAÇÃO DO DEDO ANULAR

O ANULAR é o quarto dedo. Muitos se surpreenderão, mas este dedo é o mais fraco, como poderá confirmar qualquer professor de piano. Ele te faz lembrar de rezar pelos mais fracos, por aqueles que têm desafios para enfrentar e pelos doentes. Eles precisam da tua oração de dia e de noite.

Esse dedinho te convida a rezar pelos casais.

Senhor Jesus, tu que tomaste sobre ti
as nossas fraquezas
e nos revelaste o misterioso valor do sofrimento,
conforta a todos quantos
se encontram doentes,
sofrendo e em dificuldades,
a fim de que sintam a tua presença
e gozem da consolação
que prometeste.

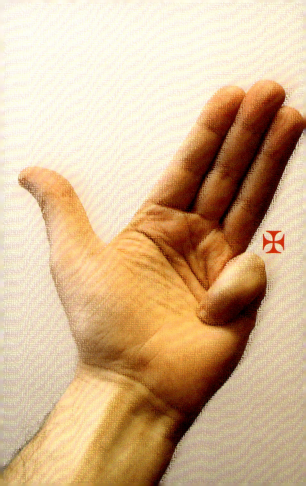

⊨ 5 ⊨
A ORAÇÃO DO DEDO MÍNIMO

O MINDINHO chega por último, é o menor de todos, tal como te deves sentir diante de Deus e do próximo. Como diz a Bíblia, "os últimos serão os primeiros". O mindinho lembra-te da oração por ti mesmo: depois de teres rezado por todos os outros, agora entenderás melhor quais são as tuas necessidades, olhando-as na sua justa perspectiva.

Toma, Senhor, e recebe toda a minha liberdade,
a minha memória também,
o meu entendimento e toda a minha vontade.
Tudo o que tenho e possuo
tu me deste com amor.
Todos os dons que me deste,
com gratidão, te devolvo; disponhas deles, Senhor,
segundo a tua vontade.
Dá-me somente o teu amor, a tua graça.
Isso me basta. Nada mais quero pedir.

Santo Inácio de Loyola

Ladainha da ternura divina

Senhor,	*tende piedade de nós.*
Cristo,	*tende piedade de nós.*
Senhor,	*tende piedade de nós.*
Jesus Cristo,	*ouvi-nos.*
Jesus Cristo,	*atendei-nos.*

Deus Pai dos céus,
    que sois Deus,   *tende piedade de nós.*
Deus Filho, redentor do mundo,
    que sois Deus,   *tende piedade de nós.*
Deus Espírito Santo,
    que sois Deus,   *tende piedade de nós.*
Santíssima Trindade,
    que sois um só Deus,   *tende piedade de nós.*
Ternura do Pai, que nos amais
    desde a eternidade,   *consolai-nos.*
Ternura do Pai, que nos elegeu
    no Cristo,   *consolai-nos.*
Ternura do Pai, que nos falastes
    na criação,   *consolai-nos.*
Ternura do Pai,
    que nos chamastes à existência,   *consolai-nos.*
Ternura do Pai, que nos sustentais,   *consolai-nos.*
Ternura do Pai, que nos nutris,   *consolai-nos.*

Ternura do Pai,
que nos esperais na Casa do Céu, *consolai-nos.*
Ternura do Pai,
no desígnio da redenção, *consolai-nos.*
Ternura de Jesus na encarnação, *salvai-nos.*
Ternura de Jesus na infância, *salvai-nos.*
Ternura de Jesus,
na humildade de Nazaré, *salvai-nos.*
Ternura de Jesus na vida pública, *salvai-nos.*
Ternura de Jesus nos milagres, *salvai-nos.*
Ternura de Jesus em acolher
os pecadores, *salvai-nos.*
Ternura de Jesus na Palavra de vida, *salvai-nos.*
Ternura de Jesus na Eucaristia, *salvai-nos.*
Ternura de Jesus na Paixão, *salvai-nos.*
Ternura de Jesus ao doar-nos
sua santa Mãe, *salvai-nos.*
Ternura de Jesus na morte de cruz, *salvai-nos.*
Ternura de Jesus,
que brotou na ferida do peito, *salvai-nos.*
Ternura de Jesus na ressurreição, *salvai-nos.*
Ternura de Jesus na ascensão, *salvai-nos.*
Ternura de Jesus ao enviar-nos
o Espírito Santo, *salvai-nos.*

Ternura de Jesus em Maria Santíssima,
Mãe da Igreja, *salvai-nos.*
Ternura de Jesus no seu vigário,
o Papa, *salvai-nos.*
Ternura de Jesus nos apóstolos, *salvai-nos.*
Ternura de Jesus nos anjos da guarda, *salvai-nos.*
Ternura de Jesus nas tribulações, *salvai-nos.*
Cordeiro de Deus, que tirais
os pecados do mundo, *perdoai-nos, Senhor.*
Cordeiro de Deus, que tirais
os pecados do mundo, *ouvi-nos, Senhor.*
Cordeiro de Deus, que tirais
os pecados do mundo, *tende piedade de nós.*

Oremos:

Ó Deus, nosso Pai, que desde toda a eternidade nos amais com infinita ternura, a ponto de enviar à terra vosso único Filho Jesus para a nossa salvação, livrai-nos de todo mal, consolai-nos com a vossa graça em todo momento da vida presente e, ao terminar os nossos dias na terra, conduzi-nos à vossa Casa no Céu, nos esplendores da vida eterna, a fim de gozarmos para sempre de vossas ternuras paternas. Amém.